KB096026

매혹의 실크로드

매혹의
실크로드

김무관, 김정희 지음

Teheran

Isfahan

Persepolis

Mashhad

Delhi

Jodhpur

Varanasi

Tashkent

Samarkand

Bukhara

Kucha

Urumqi

Zhengzhou

Nara

Okinawa

청아출판사

목차

중국China

일본Japan

신라에서 페르시아까지
강인하게 살아남은 예술의 본질을 찾아서

실크로드는 수천 년 인류 문명의 교류를 상징합니다. 그동안 실크로드는 여러 번 방송 소재로 다루어졌는데, 주로 황금 유물이나 유리그릇 같은 눈에 보이는 유형 문화를 통해 실크로드 교류를 추정하는 것이었습니다. 다큐멘터리 〈매혹의 실크로드〉는 춤, 음악, 기예 등 무형 문화를 통해 새로운 시각으로 실크로드를 바라보고자 합니다. 기록으로 잘 남아 있지 않은 대상을 영상으로 표현하는 일은 일종의 도전이었습니다.

예술은 변하고 뒤섞입니다. 이번 프로그램에서 실크로드 예술의 연관성을 증명하려고 하지 않습니다. 다만 기나긴 시간의 흐름 속에서 강인한 생명력으로 살아남은 예술을 통해서 변하지 않는 것, 본질적인 것을 찾아내고 실크로드를 현재 시점에서 재해석해 보려고 합니다.

신라의 고도 경주에서 출발해 중국, 우즈베키스탄, 인도, 이란까지 실크로드 곳곳을 다니며 오랜 세월 동안 전통을 지켜온 예술가들을 만났습니다. 그들의 춤과 음악을 통해 예술은 언어와 국경을 초월한다는 것을 다시 한번 확인할 수 있었습니다. 이번 예술 기행은 한국인과 한국 문화의 정체성을 찾아가는 여정이기도 했습니다.

경주 감은사지

경주 황룡사지

경주 첨성대

경주 흥덕왕릉 석상들

실크로드의 여러 나라들을 돌아본 후 다시 만난 경주는 너무나 아름다웠습니다. 세계 최초이며 유일한 바닷속 왕릉인 문무대왕릉, 두 개의 삼층 석탑이 동서로 나란히 서 있는 감은사지, 번성했던 신라의 이야기를 품고 있는 황룡사지. 실크로드 위의 어떤 나라에서도 느낄 수 없었던 편안함과 단아한 아름다움이 거기에 있었습니다. 신라는 대륙의 동쪽 끝, 변방에 위치해 있었지만 세계를 향해 열린 마음을 가지고 화려한 문화를 꽃피웠습니다.

방송 프로그램의 시간적 한계로 담지 못한 소중한 장면과 정보를 책으로 엮어 아쉬움을 달래고자 합니다. 춤, 음악, 기예를 소재로 삼아 신라에서 페르시아까지 무형 문화를 다루었다는 점에서 의미가 있으리라 생각합니다.

관련 분야에서 연구하는 분들이나 실크로드를 여행하려는 분들에게 작은 도움이 되면 좋겠습니다. 앞으로 실크로드를 육로로 갈 수 있는 노선이 생겨 우리 젊은이들이 세계를 무대로 무한한 상상력을 펼치며 새로운 문화를 창조해 나가길 기대합니다.

2019. 9.
KBS 프로듀서 김정회

이란
—
Iran

수도 테헤란

언어 페르시아어

면적 1억 7,451만 5천ha

인구 8,282만 766명

종교 이슬람교 98%(시아파 94%, 수니파 4%)

화폐 단위 리알, 토만

한국과의 시차 5시간 30분

테헤란
—
Teheran

이란의 중심
테헤란

이란의 수도 테헤란은 인구 810만 명이 사는 서아시아에서 가장 큰 도시다. 우리나라 서울처럼 인접한 지역 인구까지 아우르면 인구 약 1,200만 명에 달하는, 이란의 정치, 경제, 문화 중심지이자 이란 산업의 절반 이상이 집중된 곳이다. 지리적으로는 이란 고원의 북서부 해발 1,200m 지점에 있다. 높은 곳에 있고 스텝 기후에 속해 여름에는 건조하고 매우 덥다. 겨울에는 눈이 많이 내려 테헤란 인근 산들은 스키어의 천국이 된다.

테헤란의 첫 관문은 시 남쪽으로 50km 지점에 있는 이맘 호메이니 국제공항이다. 아쉽게도 우리나라에서 테헤란까지 직항 노선이 없어 사우디아라비아나 터키를 거쳐야 한다. 남북통일이 된다면 기차를 타고 실크로드를 되짚어 테헤란 중앙역까지 갈 수도 있겠다. 테헤란 중앙역은 유럽까지 연결되니 한번 도전해 볼 일이다. 강남의 '테헤란로'가 바로 이란의 테헤란이며, 테헤란에도 '서울로'가 있는데 우리와 달리 작은 규모다.

유서가 깊은 도시답게 테헤란에는 과거와 현재가 공존한다. 골레스탄 궁전(Golestan Palace)과 아자디 타워(Azadi Tower)가 바로 그것이다. 특히 아자디 타워는 1971년 페르시아 건국 2,500년을 기념해 세워졌다. 건축할 당시에는 '왕의 기념비'라는 뜻의 '샤야드(Shayad)'로 불리다 1979년 이슬람 혁명 이후 자유를 뜻하는 '아자디'로 명칭이 바뀌었다. 아자디 타워의 아치 모양은 이슬람 성원 모스크에서 영감을 받은 것으로, 고전 양식과 현대 건축 기술이 조화를 이룬 셈이다.

이란의 과거를 보여 주는
골레스탄 궁전

테헤란에 있는 궁전이자 박물관. 사파비 왕조 때 요새로 건설되었으며,
테헤란이 수도로 정해지면서 궁전으로 바뀌었다. 2013년 유네스코에서 세계문화유산으로 지정했다.

이란의 현재를 보여 주는
아자디 타워

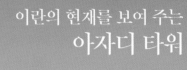

건축가 호세인 아마나트가 설계했으며, 1971년 이란 건국 2500주년 축제 때 개관했다.
이 탑은 페르시아 역사를 한눈에 보여 주며, 지하에는 박물관이 자리하고 있다.

활쏘기와 말타기
강대한 페르시아의 추억

이란인은 지금도 강력했던 페르시아의 군사력을 기억한다. 특히 활을 쏘고 말을 타는 것에 대한 자부심이 강하다. 오죽하면 활을 쏘는 것은 이란인의 피에 담겨 있고, 고대 이란인은 활과 화살과 함께 자라왔다고 말할까. 심지어 이란인의 세 가지 특징을 '진실을 말하고, 활을 쏘는 것과 말을 타는 것'이라고 일컬을 정도다.

그렇게 강력했던 페르시아 군인은 특별한 활쏘기 기술을 남겼다. 바로 '파르티안 샷'으로 뒤를 돌아보며 활을 쏘는 동작을 말한다. 기원전 5세기경 페르시아 군인은 머리가 매우 길어서, 적들은 그들이 도망가면 여자로 착각해 방심했다. 그때를 틈타 뒤돌아 활을 쐈다. 이는 궁사의 실력이 뛰어나야 함은 물론, 타고 있는 말과 기병의 발을 단단하게 고정해 주는 등자가 있어야만 가능한 것이었다.

우리의 고대 벽화에도 비슷한 모습이 표현돼 있다. 고구려 사람들이 철기 문화의 융성함을 상징하는 고대 무예를 그린 것으로 알고 있는 고구려 무용총 〈수렵도〉다. 이 그림을 자세히 살펴보면 비록 전쟁의 상황은 아니지만, 사슴을 향해 파르티안 샷을 취하는 고구려 무사의 모습을 볼 수 있다. 게다가 무사는 등자를 밟고 있다. 〈수렵도〉가 그려졌을 것으로 추정되는 4세기는 이란에서 파르티아 왕조의 뒤를 이어 사산 왕조가 위용을 떨칠 때였다. 파르티안 샷은 실크로드를 타고 고구려로 전파된 게 아니었을까?

2008년 한국 드라마 〈주몽〉이 이란에 방영됐을 때 시청률이 85%에 육박했다. 어쩌면 그것은 이란 사람들이 활을 좋아하기 때문이기도 하고, 주몽이 자기 조상이 퍼뜨린 파르티안 샷을 보여 줬기 때문인지도 모르겠다. 실제로 우리가 마상 기예장을 방문했을 때 많은 이란 사람이 남녀노소를 불문하고 활쏘기를 즐기고 있었다.

　이란인은 늘 말과 함께 생활했기에 폴로는 고대 문화의 일부로 발달했다. 그 기원은 무려 2,500년 전인 페르시아 시대로까지 거슬러 올라간다. 당시에는 쇼간(chogan)이라 불렀다. 한 팀당 참여 인원이 100명으로 전쟁의 축소판이나 다름없었다. 지금은 한 팀당 4명이 선수로 뛴다. 3번이 플레이메이커 역할을 맡고, 1, 2번 선수도 공격을 맡으며, 4번은 주로 뒤에서 수비를 본다.

　폴로는 말과 선수가 같이 호흡하는 것이 중요한 경기다. 폴로를 잘하려면 반드시 좋은 말을 가지고 있어야만 한다. 선수 역량이 70~80퍼센트라면 나머지는 말의 몫이다. 한편 우리가 지켜본 경기에는 여성 선수도 있었다. 여성이 외부 활동에 참여하는 일이 드문 이란인지라 신기했다. 어떤 기록에 따르면 6세기경 여왕과 시종도 폴로 경기에 참여했다고 한다. 폴로라는 스포츠에서 공정하게 실력을 겨루듯 이란 여성의 사회 참여가 늘어나길 희망해 본다.

상 이란의 파르티안 샷 · **하** 무용총 〈수렵도〉

가장 이란다운 춤
수피 댄스

수피 댄스는 이란의 시인 메블라나 잘라루딘 루미가 만들었다. 끊임없이 원을 그리며 추는 춤으로 종교 의식의 하나다. 수피 댄스에는 두 가지 방식이 있다. 하나는 의식하는 사머(Sama)이고, 또 하나는 무의식의 사머다. 의식하는 사머는 오른손을 하늘 방향으로 놓고 왼손은 땅을 향한다. 오른손으로 하늘에서 신의 긍정적인 기운을 받아 왼손으로 세상에 그 기운을 전달하는 것이다. 무의식의 사머는 정해진 모양 없이 자연스러운 몸짓으로 하늘의 기운을 땅으로 받는다.

우리는 직접 수피 댄스를 추기로 했다. 춤을 추려면 먼저 몸을 완벽하게 편안한 상태로 만들어야 한다. 말이 쉽지, 똑같은 동작을 무수히 반복하는 건 눈물이 쏙 빠질 정도로 힘든 일이었다. 그때 이란인 댄서가 "Being in the moment!"를 외쳤다. 그냥 그 순간에 머무는 것, 순간에 존재하는 것이 가슴에 와닿으며 미지의 세계로 빠지는 기분이었다. 그래서 이런 의식을 통해서 정말 신의 세계에 도달할지도 모르겠다는 생각마저 들었다.

이스파한

Isfahan

가장 아름다운 도시
이스파한

이란에서 가장 아름다운 도시 이스파한은 테헤란에서 남쪽으로 420km 떨어진 이란 고원에 있는 교통 요지다. 인구는 150만 명으로 이란에서 세 번째로 크다.

이스파한의 상징 이맘 광장은 17세기경 사파비 왕조 5대 왕인 아바스 1세가 만들었다. 본래 용도는 폴로 경기를 위한 광장이었고, 중국 천안문 광장에 이어 세계에서 두 번째로 클 정도로 엄청난 위용을 자랑한다. 직사각형 모양의 광장을 알리 카푸 궁전(Ali Qapu Palace)과 셰이크 롯폴라 모스크(Sheykh Lotfollah Mosque), 이맘 모스크(Emam Mosque)가 둘러싸고 있다. 세상의 절반을 주어도 바꾸지 않는다고 해서 '세상의 절반'이라는 별명도 갖고 있다.

이맘 광장 한쪽에는 케이사리예 바자르(Qeysarriyeh Bazaar)가 열린다. 13세기부터 열린 이 시장에는 천여 개의 상점이 늘어서 있는데, 각종 유리그릇과 금속 세공품, 카펫 등이 즐비해 관광객의 눈길을 사로잡는다.

알리 카푸 궁전에는 '왕의 음악홀'이 있다. 왕이 음악을 감상하면서 휴식을 취했다고 전해지는 이곳은 악기 모양으로 벽을 뚫어 공명을 극대화했다. 소리, 창문을 통해 들어오는 빛, 건축물 자체. 이 세 가지가 어울려 강렬한 에너지를 만든다. 소리가 울리지 않으면서도 하나하나 섬세하고 정확하게 귀에 다시 돌아온다. 이 흐름이 이 세상에 없는 새로운 형태로 느껴진다.

이맘 광장은 결국 제국의 축소판이었다는 생각이 들었다. 폴로 경기를 통해서 군사 대국의 힘을 느꼈을 테고, 광장을 둘러싼 많은 상가(바자르)는 제국의 경제력을 뽐냈을 것이다. 게다가 모스크는 페르시아인을 받쳐 주고 있는 신의 모습까지 보여 주니 말이다.

우 세계에서 두 번째로 큰 이스파한 이맘 광장은 본래 폴로 경기가 열리던 곳이다.

시오세폴 다리

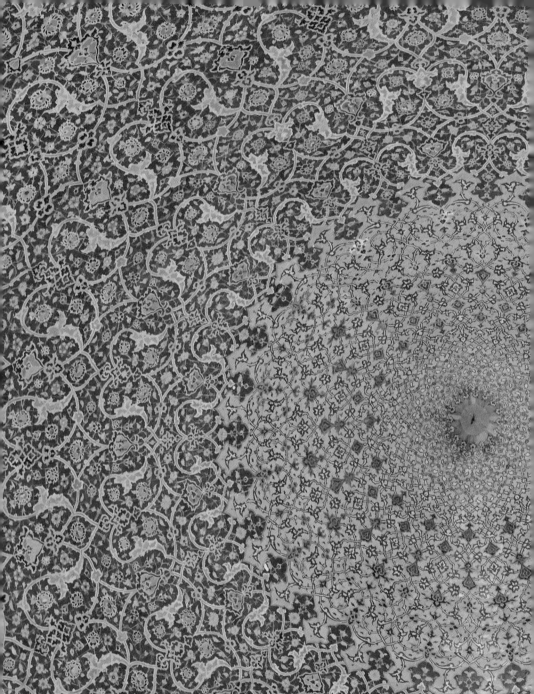

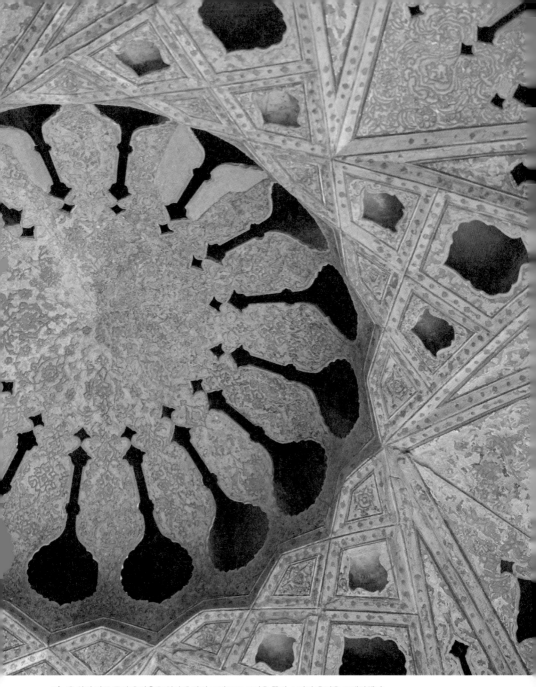

좌 · 우 알리 카푸 궁전 음악홀은 천장에 악기 모양으로 구멍을 뚫어 소리의 울림을 극대화했다.

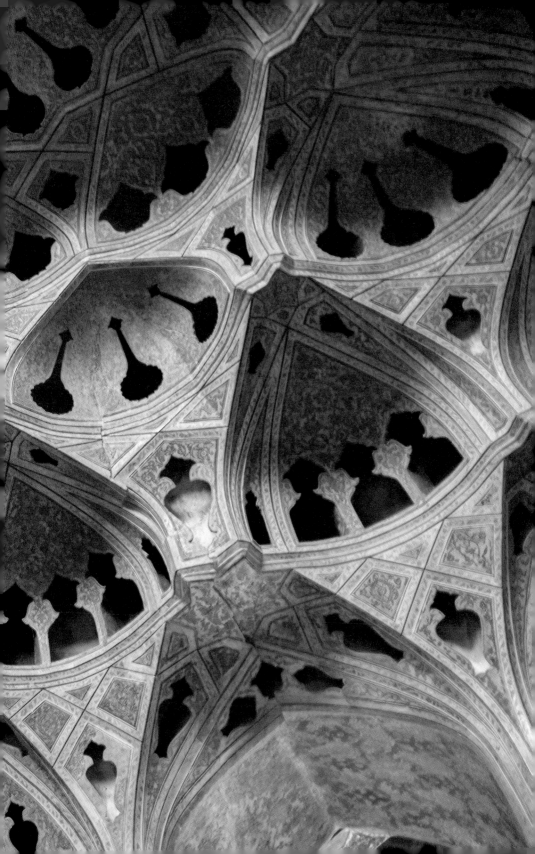

폴로와 격구
페르시아와 신라의 교류

이맘 광장은 남북 길이 512m, 동서 길이 163m의 네모꼴로 외교 사절과의 회견, 열병식이 열리는 장소인데, 이곳에서 때로 폴로 경기가 열렸다. 광장 서쪽 비밀 별궁, 알리 카푸 궁전 6층 테라스에서 왕들은 외국 사신들과 함께 이맘 광장의 폴로 경기를 관람했다.

그런데 우리나라에서도 고대로부터 이 폴로를 했다. 바로 '격구(擊毬)'다. 격구는 페르시아와 신라의 교류를 보여 주는 가장 강력한 증거로 남아 있는 스포츠다. 페르시아 대서사시 〈쿠쉬나메(Kush Nama)〉는 페르시아 왕자 '아비틴'이 중국과 전쟁을 치르고 신라로 추정되는 '바실라'로 망명, 신라 공주 프라랑과 혼인하고 훗날 페르시아를 구하는 영웅 페리둔을 낳는다는 내용의 구전 설화다. 바로 이 〈쿠쉬나메〉에 아비틴이 바실라의 '태후르' 왕과 격구를 즐겼다고 표현한 부분이 있다.

〈쿠쉬나메〉가 어디까지 진실인지에 대해선 논의가 이루어지고 있지만, 분명한 것은 신라와 페르시아에서 즐긴 격구와 폴로 사이에는 분명히 어떤 관련성이 있다는 것이다.

상 · 하 이란인은 고대부터 활쏘기와 말타기에 능숙했다. 오늘날 마상 경기장에서는 말을 탄 채 벌이는 경기들이 있다.

새롭고 독특한
이란의 음악

이란의 음악은 독특하다. 전통 음악이 서구화되면서 완전한 동양의 음악도 아닌 것이 그렇다고 서양의 음악과도 궤를 달리하는 색다른 음악이다. 독특한 음악이 탄생한 배경에는 이란 음악가들의 희생이 있었다.

18세기 사파비 왕조 이래로 이란에서는 종교적, 정치적인 이유로 음악이 금지됐다. 이 기간에 아주 나이 많은 저명한 음악가부터 어린 학생까지 수많은 음악가가 핍박받고 희생당했다. 이러한 시대적 상황은 이란 음악가들을 투쟁가로 만들었다.

1979년 이슬람 혁명이 일어난 후에는 대부분의 '서구 음악'이 금지됐다. 이란인이 유일하게 들을 수 있는 음악은 전통 음악이었다. 팝이 전 세계를 뒤흔든 1980년대에도 이란인은 전통 음악을 고수할 수밖에 없었다. 음악에 대한 탄압과 혁명이 전 세계 어디에서도 들을 수 없는 이란만의 독특한 음악을 만들어 낸 것이다.

우리는 아주 어렵게 이란 최고의 음악가로 불리는 자헌기리 그룹 연주자들을 만났다. 그들은 음악을 빼앗겼지만 투사처럼 지키고 새롭게 창조해 낸 페르시아의 후예들이다. 자연스럽게 우리와 협연이 이뤄졌다. 이들이 만들어 내는 소리는 비단처럼 부드럽고 감미로웠다.

그런데 이들이 연주하는 악기를 자세히 살펴보니 그 모양이 예사롭지 않았다. 먼저 '네이(Ney)'라는 악기는 우리 통소와 비슷하게 생겼다. 이 고대 악기가 피리와 다른 점이라면 독특한 연주법이다. '사리'라는 것을 치아 사이에 끼우고 혀를 이용해서 섬세하게 음을 조절한다. 네이로는 주로 고전 음악을 연주하는데, 이란 고전 음악에는 미분음(微分音)이 많아 네이가 매우 중요한 악기라고 한다. '우드(Al'ud)'는 또 어떨까. 우드의 원래 이름은 바르바트(barbat)였다. 처음에는 가죽만으로 만들어던 악기인데, 후대에 재료를 나무로 바꾸면서 악기 이름도 우드가 됐다. 모양이 바뀌고 실크로드의 길을 건넌 이 악기는 우리에게도 비슷한 모습의 악기로 남아 있다. 바로 비파(琵琶)다.

우 체헬 소툰 궁전 벽화

박물관에 전시된 이란 고대 악기들

인터뷰
"네이는 인간의 사상을 담은 소리"

시어막 자헌기리 ㅣ 네이 연주자 · 자헌기리 그룹

Q 네이는 우리나라의 퉁소 혹은 서양의 플루트와 모양이 비슷합니다. 하지만 네이만의 독특한 음색이 있는 것 같습니다.

A 이란의 네이는 매우 자연적인 것으로, 종교적으로는 수피즘에 가깝다고 볼 수 있겠네요. 예를 들어 일본의 악기나 한국의 악기, 또 불교적인 사상을 담은 악기가 있듯이 상당히 인간의 정신과 사상이 담겨 있고 이를 소리를 통해 표출하는 것입니다. 이는 악기임에도 연주하는 자와 그 사상과 철학이 어떤 것인지를 잘 표현해 냅니다. 사람에 따라 소리의 형태나 표현되는 방식이 달라지기도 합니다. 음악과 소리가 살아 있으며 굉장히 철학적이고 영혼적인 것이 숨결을 통해 표현됩니다.

Q 우리나라에는 요요마의 '실크로드 앙상블' 멤버로 알려져 있고, 전 세계적으로 유명한 분입니다. 국적이 다른 실크로드 앙상블 멤버와 연주할 때와 이란 연주자와 공연할 때 차이점이 있나요?

A 실크로드 앙상블에서는 다양한 연주자들과 함께 연주해 늘 새로운 느낌을 표현해 낼 수 있습니다. 또한 국적이 다른 문화와 악기 간의 조화도 상당합니다. 음악은 국적이 없는 세계적으로 통하는 그 자체의 언어이기에 이해하기도 편하지 않습니까. 실크로드 앙상블과 함께 연주할 때에

는 이러한 특징이 있는 것 같습니다. 반면 이란 연주자들과 함께 일할 때는 이란 자체 문화의 느낌을 담아내는 것 같습니다. 이란의 클래식 그 자체를 잘 표현해서 연주하고 이란 악기가 지닌 고유의 특성을 잘 살리며 이란 사람에게 설득력 있는 음악을 연주할 수 있었습니다.

고유의 무예
주르카네

주르카네(Zurkhaneh)는 고대 페르시아에서 외적 침략에 대비해 전사들을 훈련시킨 무예다. 1~30kg에 이르는 곤봉을 공중에 던졌다가 양손으로 받는 묘기에 가까운 동작부터 시작해 스포츠와 신성한 의식이 어우러진 형태까지 다양한 장면을 볼 수 있다. 특이한 점은 수천 년 전의 고대 음악 연주와 더불어 고전 시를 읊으며 진행한다는 것이다.

오스만 튀르크가 지배할 당시 전투 훈련을 금지시키자 이스파한의 영웅들은 지하에 숨어들어 음악을 크게 틀고 예배 행위로 위장해 훈련했고, 그때부터 지금의 모습을 갖췄다. 무엇보다 놀라운 것은 모든 동작이 음악과 리듬과 노래와 함께 이뤄진다는 것이다. 심지어 4세부터 90세에 이르기까지 그야말로 남녀노소가 참여하는 가장 친밀한 소통의 창구이자 문화다.

이란 젊은이들은 이곳에서 연장자에게 예의와 기도하는 법을 배우고 자신들의 역사가 어떤 것이었는지 몸소 체득하며 성장한다. 주르카네가 사랑받는 큰 이유는 이들이 가장 번영했던 시기의 그 길을 기억하고 따라가는 방법의 하나라는 점이다.

처음에 우리는 주르카네가 몸을 단련하는 운동의 일종이나 기예 스포츠라고 생각했다. 그런데 보면 볼수록 신에 대한 존중을 몸으로 표현하는 굉장한 의식이라는 것을 깨달았다.

تیم کشتی پهلوانی در سال ۱۳۲۰ نشسته از راست (آقایان): سید محمود لوح موسوی - رضا گلویانی - محمود شفیعیون - عطا

ایستاده از راست (آقایان): کریم مطره - حیدرتمایری - محمود قدسی - مهدی شیشه گر

페르세폴리스

Persepolis

기원전 518년, 페르시아를 가장 강력한 제국으로 만든 아케메네스 왕조 다리우스 1세가 건설한 수도. 자연과 인공이 조화를 이룬 웅장하고 거대한 이 도시는 주거 공간이 아니라 국가 행사를 치르던 곳이었다. 아직까지 완전히 파악되지 못한 페르세폴리스는 1979년 유네스코 세계문화유산에 등재됐다.

페르시아 전사 부조

페르세폴리스 입구 · 우 만국의 문

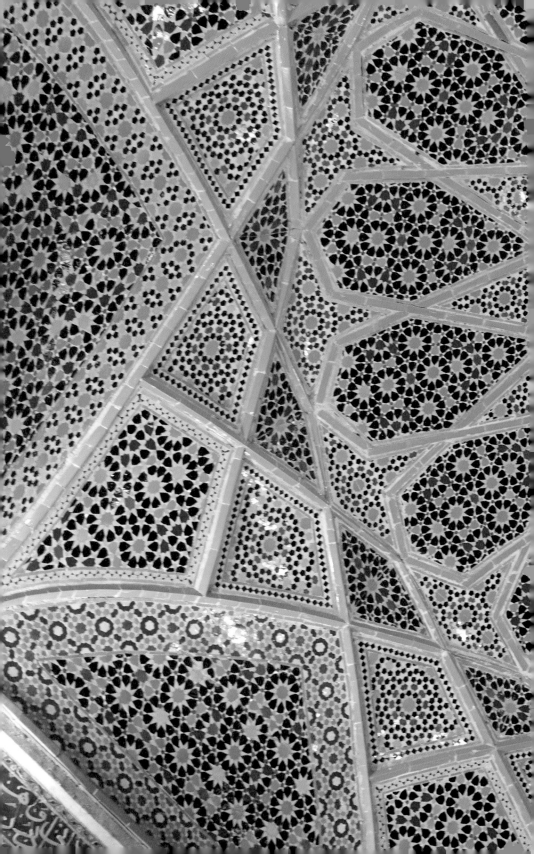

마슈하드
—
Mashhad

순교의 땅
마슈하드

마슈하드는 테헤란, 이스파한에 이어 이란에서 세 번째로 큰 도시다. 마슈하드는 시아파 12이맘파 8대 이맘 레자의 묘당이 있어 연간 1천만여 명의 순례자가 찾으며 '순교의 땅'이라는 뜻으로 통한다. 비옥한 농업 지대라 제2차 세계 대전 때는 소련에 점령되는 등 부침이 잦았다.

페르시아의 서정시인 피르다우시(Ferdowsi)의 묘당도 마슈하드에 있다. 피르다우시는 이란 민족 고유의 신화와 역사를 기초로 30여 년에 걸쳐 〈샤나메(Shahnameh)〉라는 웅장한 서사시를 썼다. '왕들의 책'이라는 뜻의 이 책은 호메로스의 〈일리아드〉, 단테의 〈신곡〉과 비교되곤 한다.

마슈하드에 남아 있는 실크로드 대상인 숙소 카라반 사라이

톨바테 점
유목민의 춤

우리는 마슈하드 도심에서 한참을 벗어난 톨바테 점(Torbat-e Jam)에서 인상 깊은 경험을 했다.

황량한 사막에서 유목을 하는 톨바테 점 사람들은 우리를 환대하며 세 가지의 춤을 보여 주었다. 첫 번째 춤은 '어파르'로 씨를 뿌리고, 키우고, 수확하는 모습을 춤으로 만든 것이다. 적합한 땅을 찾고 농사를 지어 거둬들인 것에 대해 신에게 감사하다는 표현이다. 두 번째 춤은 '하탄'이다. 기쁨을 상징하는 춤으로, 중요한 행사가 있을 때마다 흥을 돋우며 추는 동작이다. 세 번째 춤은 '춤버지'다. 전쟁을 표현한 춤인데, 두 명의 무희가 등장하고 이들이 사용하는 나무는 당시의 검을 상징한다.

그런데 이 춤들은 우리나라 가락과 매우 흡사하다. 굿거리장단에서 '덩덕쿵' 하며 넘어가는 패턴을 연상시키고, 이들이 부는 쉐나이는 마치 태평소 같다. 심지어 우리나라 고성오광대가 다같이 모여 덩실덩실 춤을 추며 원을 그리는 것처럼도 보이고, 남성의 호방하고 힘 있는 춤사위도 비슷하다. 과거에 페르시아가 실크로드를 통해서 우리 음악에 영향을 주지 않고서야 이 상황을 설명할 수 없었다.

가장 흥미로운 건 다섯 살 남자아이가 어른들과 똑같이 춤을 추는 모습이었다. 교육을 통해 배웠다기보다 그냥 삶에서 할아버지와 아버지의 모습을 보며 스스로 체득했다는 느낌이 들었다. 춤이란 어떤 의미에서는 세대를 넘어 소통할 수 있는 몸짓이 아닐까.

이란에서의 마지막 여정은 선물 같은 시간이었다. 우리는 톨바테 점 사람들과 얼싸안고 춤을 추며 큰 감동을 느낀 터였다. 그런데 더 큰 감동이 우리를 기다리고 있었다. 그들이 우리에게 하페즈(Hafez)의 시집을 선물한 것이다. 모든 이란인이 꾸란과 함께 갖고 있다는 바로 그 시집 말이다. 과연 온 국민이 시를 읊고 이 세상의 모든 보이는 물질을 아름다운 은유로 표현하는 이란인다웠다.

어른과 똑같은 춤을 추는 어린아이

하페즈의 시를 낭송하는
톨바테 점 노인

인도
—
India

수도　뉴델리

언어　힌디어(40%), 14개 공용어, 영어(상용어)

면적　3억 2,872만 5,900㏊

인구　13억 6,873만 7,513명

종교　힌두교 80.5%, 이슬람교 13.4%

화폐 단위　루피

한국과의 시차　3시간 30분

델리

Delhi

신들의 도시
델리

—

델리는 인도 북부, 갠지스강 지류인 야무나강 서쪽 기슭에 위치한 정
치, 경제, 문화의 중심지다. 공식 명칭은 델리 연방 수도 구역(National Capital
Territory of Delhi)으로, 수도인 뉴델리를 포함한 행정 구역이다. 굳이 구분하
자면 올드 델리는 1649년부터 1857년까지 무굴 제국 수도였고, 뉴델리는
1927년 영국인이 식민지 수도로 만들었다. 과거와 현재가 공존하는 셈이
다. 유구한 역사를 자랑하는 만큼 서울의 2.5배가 넘는 면적에 주요 문화
재와 사적들이 즐비하다.

그중 쿠트브 미나르(Qutub Minar)는 높이가 72.5m에 달하는 세계에서 가장 높은 이슬람 첨탑이다. 1993년 유네스코 세계문화유산으로 등재될 만큼 멋진 볼거리를 자랑한다. 인도 최초의 이슬람 왕조를 세운 쿠트브 웃딘 아이바크(Qutb al-Dīn Aibak)가 12세기경 힌두교도와의 승전을 기념해 세웠다. 탑을 둘러싸고 모스크와 이슬람 성직자의 무덤이 있는 거대한 유적지다.

이 외에도 무굴 제국 황제 샤자한(Shah Jahan)이 건설한 요새 레드 포트(Red Fort), 파리 개선문을 본떠 1931년에 만든 인디아 게이트(India Gate)도 관광객의 발길이 끊이지 않는 곳이다.

쿠트브 미나르

무굴 제국의 샤자한이 세운 요새
레드 포트

올드 델리에 있는 인도에서 가장 큰 성으로, 붉은 사암으로 지어져 '레드 포트(랄 킬라)'라고 불린다. 세포이
항쟁 때 영국군에게 일부분이 파괴됐으나 웅장한 규모에서 무굴 제국의 영광을 엿볼 수 있다.

파리 개선문을 닮은 인디아 게이트.
제1차 세계 대전에서 전사한 군인을 기리는 위령탑으로, 뉴델리의 중앙에서 그 위용을 뽐내고 있다.

신을 만나는 춤
까탁

우리는 이처럼 고대부터 인도 문화의 정수가 이어지는 델리에서, 고대로부터 전해진 춤 '까탁(kathak)'의 대가를 만났다. 까탁은 빠른 회전 동작과 함께 발목에 매단 수백 개의 궁그루(방울)에서 마치 파도가 부서지는 듯한 소리가 흘러나오는 게 특징인 춤이다. 고대 인도인은 그들만의 춤 까탁으로 신들의 이야기를 사람들에게 전했다.

신의 이야기를 전하는 춤 까탁
발로 리듬을 만들고
표정과 손짓으로 이야기를 전하는 까탁은
신과 이어지기 위한 고대 인도인의 춤이다.

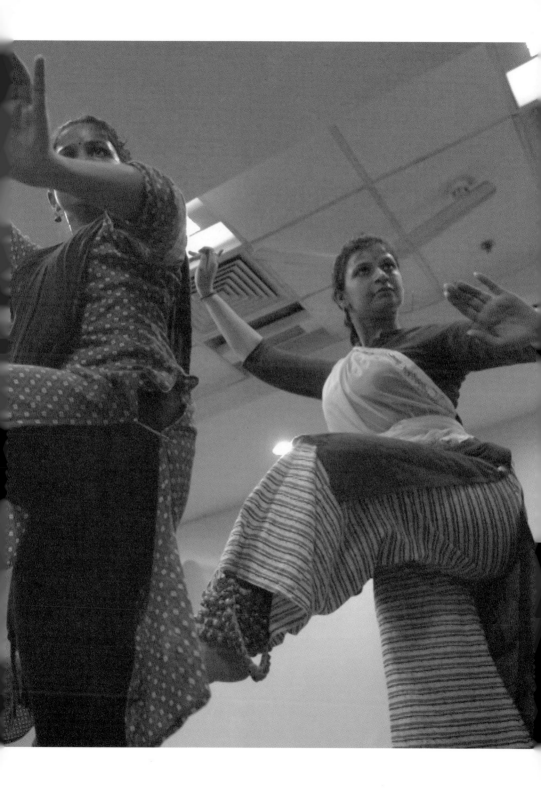

까탁의 대가 라젠드라 강가니

까탁 전통의 계보 중 가장 대표적인 것이 자이푸르 가라나와 럭나우 가라나인데, 강가니 집안은 가문 전체가 자이푸르 가라나를 계승하고 있다. 특히 라젠드라 강가니는 대통령 딸도 그에게 사사받을 정도로 인정받는 무용가다.

"까탁은 사원에서 추던 춤이고, 제가 추는 스타일은 자이푸르 가라나라고 해요. 아주 오래된 전통적인 가라나죠. 제 조상님들의 신 앞에서 춤을 췄어요. 신께 기도를 드리며 라마, 시바, 크리슈나, 라다, 시타 등 신의 이야기를 들려주기 위해 춤을 췄어요. 까탁 춤은 리듬과 감정 표현에 특화된 춤이에요. 그래서 인도의 많은 사람들이 이 춤을 배우려고 해요. 까탁 춤은 중국, 한국, 일본, 중동 등 전 세계에 퍼져 있어요. 중동에서는 수피 댄스라는 춤을 추는데, 까탁 춤에서 영향을 받은 것 같아요. 탭댄스와 플라멩코도요."

까탁 춤을 추는 강가니를 자세히 살펴보니 발로는 리듬을 만들고 손으로는 무언가를 이야기하는 듯했다. 발과 손이 다른 것을 표현하고 있는 것이다. 이 손의 의미, 움직임에 대한 호기심이 생겨 협연을 제안했다. 우리가 장구를 치며 장단을 맞추자 강가니의 춤사위는 더욱 빠르고 섬세해졌다. 분위기가 고조되자 우리와 강가니가 서로 에너지를 주고받으며 완전히 일체가 되는 느낌이 들었다. 특히 인도 악기가 만들어 내는 리듬과 우리 장구의 리듬이 하나가 될 수 있었다는 것은 역사적으로 뿌리가 같지 않다면 어떻게 설명할 수 있을까. 인도를 자주 찾았지만 이 순간처럼 언어와 국경을 초월하며 가슴 뭉클한 순간은 없었다. 과연 까탁은 신을 만나는 신비로운 몸짓이었다.

예술과 학문을 관장하는 여신 사라스바티

고대부터 현대까지
비나의 모든 것

　인도인은 까탁 춤뿐만 아니라 음악도 신과 완전히 연결된 것으로 여긴다. 음악은 신들에 의해 전해지고, 그들을 위해 바쳐지는 것이다. 우리는 까탁의 여운을 간직한 채 악기 박물관으로 향했다.

　박물관 입구에는 엄청난 존재감을 내뿜는 한 여신이 있었다. 바로 사라스바티(Sarasvati) 조각상이다. 박물관에서 우리를 안내한 수니라 교수는 사라스바티가 창조주 브라흐마 신의 아내이자 인도가 숭배하는 지혜, 언어 그리고 음악의 신이라고 설명했다. 이 여신은 현악기 비나(veena)를 손에 갖고 있다. 비나 외에도 악기 박물관에는 인도 전통 악기 중 피리, 태평소 등 우리 것과 익숙한 생김새를 가진 것들도 있었다. 우리는 또 다른 실크로드의 흔적을 발견하고 흥분할 수밖에 없었다.

비나는 시타르(sitar)로 변형된다. 시타르는 인도와 페르시아 현악기의 특징이 한데 섞인 악기다. 매우 독특한 음색을 자랑하는데, 그 유명한 비틀즈의 〈노르웨이의 숲〉 전주를 연주할 때 쓰였다. 무라카미 하루키도 비틀즈 음악에 영감을 받았으니 인도 여신이 전 세계를 호령한 셈이다.

비나 연주자 사라스바티 라자고팔란

인도와 페르시아 현악기의 특징이 섞인 시타르

위 델리대 음대 학장이자 시타르 연주자 수니라 카스리왈

수니라 교수는 박물관을 둘러보며 감탄해 마지않는 우리를 자신의 집으로 초대했다. 그녀는 우리에게 오늘이 아니면 들을 수 없는 아주 특별한 연주를 들려줬다.

"줄이 매우 많아서 표현할 수 있는 게 많습니다. 영혼의 소리를 담을 수 있죠."

수니라는 시타르의 특징을 이야기해 주고는 연주를 시작했다.

인도 음악은 라가(Raga, 인도 음계)를 기반으로 만들어졌다. 라가를 선택하고, 사용할 음들을 조합해 멜로디를 선택하고, 바로 그 자리에서 작곡해 연주한다. 모든 것들이 즉흥이다. 우리나라 산조도 장단이라는 리듬 형식 안에서 음계를 정해 연주하지만, 인도 음악은 훨씬 더 리듬이 세분화돼 있다. 과학과 예술이 직관적인 조화를 이룬 것이다.

조드푸르

Jodhpur

또 다른 세계
조드푸르

델리에서 비행기를 타고 인도 북서부로 이동해 도착한 곳, 라자스탄.
이곳에서도 역시 신을 만날 수 있다. 힌두 사원을 보는 묘미는 수많은 형
상들이다. 수많은 형상이 있다는 것, 특히 자기가 믿는 신의 세계가 그렇
다는 것은 그만큼 다양한 관점이 존재한다는 얘기일 터. 라자스탄도 마찬
가지였다.

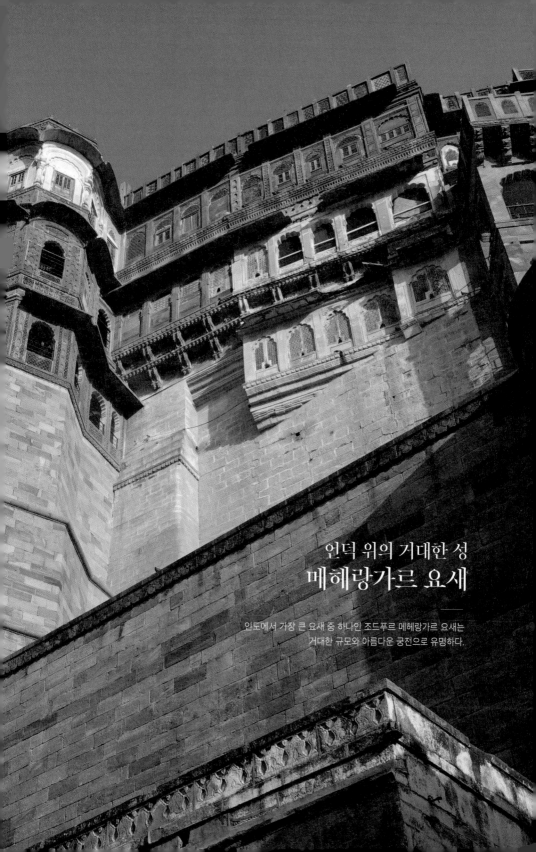

언덕 위의 거대한 성
메헤랑가르 요새

인도에서 가장 큰 요새 중 하나인 조드푸르 메헤랑가르 요새는
거대한 규모와 아름다운 궁전으로 유명하다.

조드푸르 도시 전경

유랑 집시들의 마을
깔벨리아

조드푸르에서 다시 차를 타고 2시간 가까이 달려 도착한 깔벨리아 마을. 이곳에는 자신들이 믿는 신의 세계를 춤과 음악으로 형상화하고, 전승하는 깔벨리아 사람들이 산다. 이들은 '뱀을 다루는 사람들'이라 불린다. 매 시간 모래의 결들이 파도처럼 부서진 것 같은 세상, 다른 땅. 그 위에서 아무 일도 하지 않는 것 같은 사람들. 이곳은 인도를 찾는 예술가라면 반드시 가 보고 싶어 하는 마을이다.

깔벨리아 사람들은 모두 악기를 연주하고 춤을 출 수 있다. 타악기의 일종인 칸자리(khanjari)와 관악기인 풍기(poongi)는 자연에서 얻은 재료로 직접 만든다. 먼 조상으로부터 전해 온 전통이다. 깔벨리아 부족의 음악은 물결 모양의 움직임이 있고, 그에 맞춰 무용수가 빙글빙글 돌면서 마치 커다란 뱀처럼 춤을 춘다. 이 춤은 2010년 유네스코 무형문화유산에 등재됐다.

춤과 음악은 깔벨리아인의 영혼뿐 아니라 실질적인 삶을 지탱해 주는 생계 수단이다. 특별한 교육 시설이 있거나 선생님이 따로 존재하지 않는다. 아기가 태어나면 집에서 노래를 부르며, 아이들은 이를 보고 듣고 따라 배운다. 일상에서 음악을 노래하고 악기를 사용하며, 심지어 장신구와 의상까지 모두 손수 만든다. 그러면서 이들은 코브라의 모습을 띤 춤을 발전시켰다. 스스로 DNA에 코브라가 있다고 말할 정도다.

"25년 전에는 교육을 받을 수 없어서 인도 밖의 사람들과 어떻게 소통해야 하는지도 몰랐습니다. 우리는 마을 내에서만 살고 도시 생활을 한 적이 없기 때문에 여러 시설을 어떻게 사용하는지도 몰랐고, 어떻게 조직을 발전시켜야 하는지도 몰랐습니다. 정부는 우리에게 집을 주는 등의 보조를 해 줬습니다. 우리는 집도 없고, 아이들을 위한 교육 시설도 없고, 병원도 없었습니다. 교육을 받지 못했기 때문에 직업도 없었습니다. 인도에서는 교육을 받지 못하면 직업을 가지지 못하기 때문에 의존할 수 있는 수단은 깔벨리아 춤 밖에 없었습니다."

깔벨리아 춤의 기본은 뱀에 있었다. 그런데 1972년 정부에서 동물보호법을 제정했고, 이후로 동물을 함부로 해하거나 오락 목적으로 이용할 수 없게 됐다. 그 후 깔벨리아 여성들은 뱀처럼 검은 의상을 입고 유연하게 춤을 추게 됐다. 그러나 그 춤과 음악은 해맑고 순수하다. 사막에 넓게 울려 퍼지며 기쁨의 감정을 전한다. 인도 정부는 해외 공연을 주선하고 마을에 경제적 지원을 시작했다.

우리는 아무도 모방할 수 없는 이들만의 춤을 배우기로 했다. 그런데 이 춤을 따라 출수록 우리나라 '동해안별신굿'을 닮았다는 생각이 들었다. 우리나라 무속 집단들과 같이 깔벨리아 부족에게도 세습으로 전해 내려온 것이 매우 유사하기 때문이다.

또한 이 춤은 모든 춤사위가 인간의 본능에서 나오는 순수한 몸짓을 표현한다는 것이 특징이다. 춤은 그저 일상이고 나 자신을 표현하는 수단일진대, 요즘 우리는 춤을 예술로 포장해 거창하게 만드는 건 아닐까. 그들이 보여 준 뱀의 동작을 본연 그대로의 몸짓으로 생각하며 따라하니 새삼 행복한 느낌마저 들었다.

바라나시

Varanasi

신성한 힌두교 도시
바라나시

갠지스강 중하류에 위치한 바라나시는 1,500개가 넘는 힌두 사원이 있고 매년 100만 명의 순례자가 찾는 힌두교 최대 성지다. 순례자들은 매일 아침 해가 뜨는 동쪽을 바라보며 기도를 올리고, 갠지스 강물에 몸을 씻는다.

신에게 올리는 제사
아르띠 뿌자

갠지스강에서 매일 저녁 행해지는 힌두교 의식

우즈베키스탄
—
Uzbekistan

수도 타슈켄트

언어 우즈베크어

면적 4,474만ha

인구 3,280만 7,368명

종교 이슬람교 88%(수니파 70%), 러시아 정교 9%, 기타 3%

화폐 단위 숨

한국과의 시차 4시간

타슈켄트
—
Tashkent

고대 교역의 심장
타슈켄트

중앙아시아 우즈베키스탄은 실크로드 중앙에서 고대 교역의 심장과 같은 역할을 했다. 지리적으로 유라시아 대륙 한가운데 위치해 마케도니아의 알렉산드로스 대왕, 몽골의 칭기즈 칸, 티무르 등 정복자들에게 차례로 지배받으면서 다채로운 문화가 싹튼 곳이기도 하다. 드넓은 사막과 초원이 펼쳐져 있고, 오아시스를 중심으로 농경과 유목 생활이 활발하게 이루어졌다.

티무르 동상이 있는 우즈베키스탄 수도 타슈켄트는 튀르크어로 '돌의 도시'라는 뜻이다. 사마르칸트나 부하라에 비하면 작은 규모의 상업 도시지만, 중앙아시아 중심에 있어 구소련 당시에는 모스크바, 레닌그라드, 키예프에 이은 제4의 도시였다. 무려 2천 년 역사를 간직하고 있는 도시다. 문화적으로는 이슬람과 그리스 정교, 러시아 문화까지 혼재된 독특한 모습을 보인다.

1966년 발생한 지진으로 다른 우즈베키스탄 도시들보다 역사적인 유적은 많지 않다. 주요 관광지로는 초르수 바자르, 미노르 모스크, 브로드웨이 거리 등이 있다. 이란에서처럼 전 국민이 드라마 〈주몽〉을 알 정도로 한류가 유행했다는 점도 특이할 만하다. 어쩌면 한류는 실크로드를 거슬러 되돌아가는 것인지도 모르겠다.

대제국을 건설한 중앙아시아의 정복자
티무르

정복 전쟁으로 거대한 제국을 건설한 티무르야말로 중세 사마르칸트를 발전시킨 주인공이다.
오늘날까지 중앙아시아의 영웅으로서 그의 흔적을 여기저기 찾아볼 수 있다.

중앙아시아 이슬람교의 본청
바라크 칸 메드레세

대서사시 <샤나메>를 비롯해 여러 이슬람 자료들을 보관하고 있는 이슬람학 신학교.
이슬람교도만 들어갈 수 있다.

실크로드를 건넌
음악

우즈베키스탄에는 '사람은 시와 노래 없이는 살 수 없다'라는 속담이 있다. 그만큼 음악은 우즈베키스탄 사람들의 삶을 움직이는 동인이다. 우리는 한국의 여러 대학과 교류하고 있는 우즈베키스탄 문화예술대학을 찾았다.

마침 한 강의실에서는 앙상블 수업이 진행 중이었다. 현악기인 두타르와 관악기인 수르나이 그리고 타악기인 도이라가 만드는 앙상블은 이란, 인도에서 들었던 음악과 비슷하면서도 우즈베키스탄만의 특색이 있었다. 실크로드를 통해 건네진 악기가 그들에 맞게 개량을 거치면서 독특한 음색을 만든 것이리라. 그런데 학생들 손에 들린 악기가 낯설지 않았다. 두타르는 우리나라 해금, 도이라는 장구와 비슷하게 생겼다. 음악은 만국 공통의 언어라는데, 이 말 또한 실크로드를 타고 널리 퍼진 속설이 아닐까.

우즈베키스탄 문화예술대학의 우라질리 타쉬마토프 교수는 고대인이 악기를 교류하고 서로 영향을 끼치면서 전통 음악이 더 풍요로워졌다고 진단한다. 그러면서 우리나라 산조가 우즈베키스탄의 마콤(maqom)에서 비롯한 게 아닌지 조심스러운 해석을 내놓았다. 실제로 산조에는 5음 음계 또는 서양 음계로 분석할 수 없는 미분음(微分音)이 있는데 마콤 또한 유사한 특징을 갖고 있다. 실크로드의 여정이 거듭될수록 우리는 한국인이 아니라 세계 민족이라는 생각이 들었다.

전통의 마상 스포츠
쿱카리

문명을 교류하고 전파하는 데 고대 인간에게 가장 중요한 수단은 '말'이었다. 신라까지 전해졌다는 이란의 폴로와 같은 마상 스포츠를 이곳 우즈베키스탄에서도 목도했다. 바로 쿱카리(kupkari)다.

쿱카리는 대략 300마리의 말과 참가자, 관중 3천여 명이 즐기는 전통 의식이자 스포츠다. 32개 튀르크계 국가에서 즐긴다고 하며, 형태는 조금씩 다르지만 말과 긴밀하게 연관된 삶을 살아온 고대인의 전통을 잇는 문화라는 점에서 의미가 있다.

우즈베키스탄의 쿱카리가 특이한 것은 딸의 결혼식이나 아들의 할례일을 기해 개최한다는 점이다. 또한 자신이 가진 말의 충성심을 다른 이에게 보이고자 쿱카리에 나서기도 한다. 말은 하루 24시간 중 23시간을 주인에게 헌신하고 나머지 1시간만 스스로에게 쓴다며, 이를 보여 주기 위해서라는 것이다.

쿱카리는 우리가 지금까지 본 마상 경기 중 가장 격렬했다. 넓은 들판에 수백 명의 사람들이 떼로 엉켜 양을 빼앗고자 치열한 경쟁을 벌인다. 참가자가 양을 빼앗아 결승점에 던져 놓으면 우승자가 된다. 우승 상품은 낙타, 카펫 등 그 품목도 다양하다.

넓은 들판에 수천 명이 모여 치르는 전통 마상 경기 쿱카리

사마르칸트

Samarkand

중앙아시아의 진주
사마르칸트

중앙아시아에서 제일 오래된 도시 중 하나인 사마르칸트. 중국에서는 남북조 시대부터 수,당 시대에 걸쳐 강국(康國)이라고 불렀다.

기원전 5세기경 제라프샨강 유역에 살던 소그드인이 건설한 이 도시는, 실크로드 중심에 위치해 예로부터 '동방의 에덴', '중앙아시아의 진주'라 불릴 정도로 번영한 국제 상업 도시였다. 토지가 기름져 포도, 목화 등 농업이 발달했고, 인접한 부하라는 수공업 특히 양탄자 직조 기술로 유명했다. 또한 유리, 은 세공품, 장신구, 비파, 모직, 향료, 약재, 석류, 호두, 오이, 마늘, 후추 등은 물론, 기린, 사자, 코끼리에 이르기까지 로마, 페르시아, 인도 등지에서 들어온 많은 것이 소그드인을 통해 중국으로 전해졌으며, 우리나라에까지 이르렀다.

또한 소그드인은 비단과 함께 인류의 4대 발명품이라고 할 수 있는 화약, 나침반, 종이, 활판 인쇄술을 중국에서 서쪽으로 전달했다. 서양 사회가 바닷길을 열어 많은 영토를 얻고, 지식을 대중화해 유럽 중심 세계사를 이루게 된 것은 이러한 문명의 전파에 힘입은 것이다.

사마르칸트 중심에 있는 레기스탄 광장에는 푸른색 타일을 주로 사용해 장식한 건축물들이 그대로 남아 있어 지금도 신비롭고 환상적인 분위기를 간직하고 있다.

사마르칸트의 중심
레기스탄 광장

———

광장 북쪽을 흐르는 운하 주변에 모래가 많았다고 해서
'레기스탄(모래 광장)'이라 이름 붙여졌다.
이 광장은 울루그벡 메드레세(왼쪽), 시르 도르 메드레세(오른쪽),
틸랴 카리 메드레세(중앙)가 둘러싸고 있다.

유적과 박물관
아프라시압

　1965년 사마르칸트가 실크로드 무역의 중심지였다는 역사적 사실을 증명해 줄 유적이 발굴됐다. 바로 사마르칸트 동북쪽 언덕에 있는 아프라시압(Afrasiab)이다. 아프라시압 궁전 터는 우연히 발견된 뒤 지금까지도 발굴 작업이 이어지고 있다.

이 궁전 터에서 가장 눈길을 끄는 것은 7세기 중엽 소그드 시대에 그려진 것으로 추정되는 궁전 벽화다. 1,300여 년이 지나 일부 훼손됐지만, 매우 중요한 교류의 흔적이 남아 있다. 벽화 속에는 사마르칸트, 부하라, 판지켄트 지역을 아울렀던 도시 연합 국가 소그디아나의 지배자를 알현 중인 많은 나라 사절이 등장하며, 이는 당시 이 지역이 국제 무대에서 중요한 위치에 있었다는 것을 증명한다.

벽화 제일 오른쪽에 소매 안으로 손을 마주잡고 서 있는 두 사람은 새 깃털로 장식한 조우관을 쓰고 있다. 또 두 인물이 차고 있는 둥근 고리를 단 환두대도는 삼국 시대 한반도 전역에서 발견되는 유물이다. 즉 이들은 고대 한국인인 것이다. 우리 조상들은 왜 무려 5천㎞나 떨어진 사마르칸트까지 와야 했을까. 정답은 당시 국제 정세에 있다. 7세기 중엽 고구려, 백제, 신라는 한반도에서 각축전을 벌이는 중이었는데, 그중 한 나라에서 군사 대국인 사마르칸트에 군사 원조를 부탁하러 왔다는 것이다. 이유야 어쨌든 아프라시압 벽화는 고대부터 사마르칸트와 우리나라가 실크로드를 통해 활발히 교류했다는 명백한 증거다.

위·아래 가장 오른쪽의 두 사람은 조우관을 쓰고 환두대도를 찬 것으로 보아
고대 한국인으로 여겨진다.

아프라시압 박물관에 전시된 유물들

아프라시압 유적지에서는 벽화 외에도 많은 유물이 발견됐다. 우리는
또 다른 실크로드의 흔적을 찾고자 아프라시압 박물관으로 발길을 옮겼
다. 박물관에는 당시 소그드인의 모습을 짐작할 수 있는 각종 토우와 장군
상, 뿔상 등 인물 조각상이 즐비했다. 그 외에도 각종 직물, 도자기, 그릇,
금속 소품과 잘 보존된 소그드인의 편지도 볼 수 있었다.

그중 중국 무역의 현지 총책인 나나이 반닥(Nanai Vandak)이 사마르칸트
본국에 있는 고용주에게 보낸 편지가 애잔하다. 편지 내용은 중국의 정치,
경제적 상황을 브리핑하는 것으로 시작해 중국산 순품 사향(麝香) 800g을
사 보내니 이것을 팔아 생기는 이윤 일부는 자신이 사마르칸트에 남겨두
고 온 아들의 교육비로 써 달라는 당부가 담겨 있다. 국제 무역에 종사하
던 소그드 상인들은 지금으로 치면 기러기 아빠와 같다. 사향을 당시 가치
로 환산하면 대략 은 27kg, 오늘날 우리 돈으로 하면 약 2,600만 원 정도다.
예나 지금이나 실크로드는 삶의 애환을 담은 길이다.

한 해의 시작
나브루즈

우즈베키스탄에서 만났던 성대한 축제의 현장, 바로 고대로부터 봄마다 열리는 나브루즈(Navruz)다. 명칭은 약간씩 다르지만 아제르바이잔, 키르기스스탄, 파키스탄, 터키, 인도, 이란에 이르는 광대한 지역에서 3억 명 이상의 사람들이 같은 날 나브루즈를 즐긴다. 낮과 밤의 길이가 같아지는 매년 3월 21일, 고대부터 사용한 천문학을 근거로 정해진 날짜다.

나브루즈는 우즈베키스탄 사람에게는 한 해를 시작하는 뜻 깊은 날이다. 전통 옷을 입고 제기차기와 인간 탑 쌓기 등 전통 놀이를 즐기며, 줄타기와 곡예, 희극, 인형극 등의 공연도 펼친다. 일부 마을에서는 모든 주민이 참여한 가운데 남자아이의 출생 의식과 성년 의식을 공동으로 치르기도 한다. 이 의식은 아이를 마을 남성 집단의 일원으로 받아들이는 과정이다. 어린 소녀들은 봄의 물을 채운 단지 안에 반지와 동전 등을 던져 넣은 다음, 민요에 맞춰 원하는 사람이 단지 안 물건들을 가져가는 행사를 한다. 이 물건들은 복을 상징한다.

나브루즈 기간에는 이 외에도 여러 의례들이 거행된다. 새 봄 농사를 위한 쟁기를 처음으로 사용하는 밭갈이 의례의 경우, 풍부한 물과 풍작이 의례를 주관하는 농부의 운에 좌우된다고 믿는다. 때문에 의례가 진행되는 동안 누구도 밭을 갈아서는 안 된다. 시기는 다르지만 마치 고구려의 동맹(東盟), 부여의 영고(迎鼓)처럼 우리 농경 의례와 같은 의식이다. 이처럼 실크로드는 신을 섬기는 방식까지 전파한 것이다.

음식 만들고 먹기
할리사 수말락

나브루즈 축제에는 특별한 음식이 있다. 여자들은 발아 밀 즙과 밀가루로 만든 수말락(sumalak)이 대표적이며, 봄 허브를 넣어 구운 빵인 쿡 삼사(kuk samsa), 작은 파이, 그 밖의 다양한 과자들도 준비한다. 남자들은 밀가루와 발아 밀, 고기로 만든 죽 칼림(khalim)을 준비한다.

수말락에는 특별한 사연이 전설처럼 내려온다. 가난한 엄마가 아이들에게 먹일 음식이 없어서 밀 싹을 주워 솥에 끓이고는 깜빡 잠이 들었다. 그런데 아침에 일어나 보니 아주 맛있는 수말락이 되어 있었다는 것이다.

축제 식탁에 올리는 음식에는 규칙이 있다. 아랍 문자 '신(sin, 영문자 s에 해당)'으로 시작되는 일곱 가지 음식을 놓아야 한다. 예를 들어 '신(sin)'으로 시작하는 사브지(sabzi, 녹색의 발아 씨앗), 사브제(sabze, 건포도), 셉(seb, 사과), 시르코(sirko, 포도 식초), 산드지트(sandjit, dzhida), 수마크(sumakh, 매자), 시르(sir, 마늘) 등이 그것이다. 또는 아랍 문자 '쉰(shin, 영문자 sh에 해당)'으로 시작하는 샤롭(sharob), 쉬리니(shirini), 샴(sham) 등을 놓기도 하고, 아랍 문자 '밈(mim, 영문자 m에 해당)'으로 시작하는 메바(meva), 마이(may), 마기즈(magiz) 등을 놓기도 한다. 이처럼 숫자 7은 축제 음식 준비에 매우 중요하다. 고대 천문학자들은 달의 움직임을 세심하게 관찰해 7일 주기로 달의 위치가 바뀌는 사실에 주목했다. 모든 농사일은 달의 이러한 주기에 따라 이루어지며, 이에 따라 음식도 준비하게 됐다.

축제의 흥을 돋우는 음악은 우즈베키스탄 전통의 것인데, 악기 생김이나 소리가 인도와 이란에서 보았던 것들과 흡사했다. 모양과 연주법이 조금씩 달라졌지만, 실크로드를 오가는 이들을 통해 고대로부터 전해지고 발달한 것이다.

우리는 이 낯익은 악기를 연주하는 이들 중 특별히 반가운 친구를 만났다. 가수 조용필의 노래 〈그 겨울의 찻집〉을 흥얼거리는 셰르코지 노르베코프는 우리나라에서 일하고 귀국한 지 10년 정도 됐다. 조용필의 노래가 한국에서 근무할 때 활력소가 됐다며 너스레를 떠는 셰르코지. 역시 생김새도, 언어도 다른 이곳 사람들에게 친근감이 느껴졌던 이유가 있었다. 실크로드는 축제를 싣고 아시아를 유랑한다.

부하라
—
Bukhara

중세의 완벽한 보존
부하라

실크로드의 무역 중심지이면서 중앙아시아 중세 도시의 전형으로 완벽하게 보존되어 '박물관 도시'라 불리는 부하라. 도심 전체가 세계 유산으로 지정된 이 도시의 이름은 산스크리트어로 '사원'이라는 의미다. 이름에 걸맞게, 도시 한가운데에는 칼란 미나렛과 칼란 모스크가 세워져 있다. 칼란 미나렛은 높이 46m로, 중앙아시아에서 가장 큰 첨탑이다. 실크로드 상인들은 이 탑의 꼭대기 불빛을 보고 부하라를 찾았다.

제라프샨강 퇴적지에 세워진 사원을 중심으로 형성된 부하라는 척박한 사막에 위치했지만, 오아시스가 있었던 덕에 일찍부터 교역의 중심지로 성장했다. 인도 모직품, 중국 비단 등 당시 최고 상품들이 부하라를 거쳤다. 거대한 왕궁 요새, 여러 곳의 옛 메드레세, 수많은 고대의 공중목욕탕, 옛 시절 거대한 시장 유적 등이 남아 있다.

'타키(Toki)'는 지금도 남아 있는 부하라의 노천 시장이다. 우즈베키스탄의 한여름 최고 기온은 42℃~47℃. 그래서 타키는 큰 거리의 교차점을 돔(반구형) 지붕으로 덮은 형태다. 서늘한 그늘과 바람을 만들기 위해서다. 낙타도 드나들 수 있도록 문은 사람 키의 두 배가 넘게 높다. 이곳으로 실크로드 기상들이 드나들었을 것이다. 타키에는 일반 상점뿐 아니라 공예품 가게, 아트 스튜디오 등이 다양하게 입점해 있어 지금도 구경거리로 가득하다.

부하라의 노천 시장
타키

중앙아시아 척박한 환경을 극복하고자 타키의 지붕은 돔 형태를 띤다.
찌는 듯한 햇볕을 피하고 타오르는 듯한 열기를 식혀 줄 서늘한 그늘을 만든 것이다.

실크로드 교역의 상징
수자니

부하라에서는 가장 먼저 실크로드 교역의 상징과도 같은 수자니(Suzani) 상점이 눈에 띈다. 수자니는 자수 옷감을 일컫는데, 과거 우즈베키스탄에서는 작업한 수자니를 보고 아내를 골랐다고 한다. 저렴한 수자니 제품은 면과 기계 자수로 제작하지만, 고급 수자니는 실크를 소재로 염색과 자수까지 일일이 수작업으로 진행한다. 그래서 우즈베키스탄 사람들에게 누에고치는 보물이나 다름없다.

우리는 한 수자니 상인을 만났다. 그녀는 2천 년 넘게 조상 대대로 내려온 이 작업을 딸과 며느리, 손자와 같이하고 있었다.

수자니를 만드는 과정은 첫 번째 누에고치로 실을 만들고, 두 번째 다듬질을 하고, 세 번째로 염색을 한다. 이때 염색은 자연에서 얻은 천연 재료로만 진행한다. 양파에서 노란색을, 호두 껍데기에서는 흙색을 뽑아 염색하는 것이다. 그렇게 염색한 실을 꿰어 수자니를 완성한다. 전 과정이 수공이므로 1m 정사각형 크기의 작품을 만드는 데 무려 6개월이나 걸린다. 우즈베키스탄 여인들의 수자니에 대한 자긍심은 대단하다.

중국
China

수도 베이징
언어 중국어
면적 9억 6천만 740ha
인구 14억 2,006만 2,022명
종교 불교, 도교, 천주교, 이슬람교, 기독교
화폐 단위 위안
한국과의 시차 1시간

쿠처

Kucha

살아 있는 실크로드
쿠처

타클라마칸 사막 북쪽을 껴안은 톈산산맥. 2천여 년 전, 그 산자락 끝에 서역 36개 왕조 중 가장 융성했던 오아시스 왕국 구자국(龜玆國)이 있었다. 지금은 신장 위구르 자치구에 속한 쿠처(庫車)다. 인적도 없이 폐허만 펼쳐진 지금의 모습과는 달리 수천 년 전에는 풍요롭고 번성한 도시 국가였다.

《대당서역기》에 따르면 쿠처는 동서로 1천 리, 남북으로 600리에 달하는 영토를 가졌고, 인구 8만 1천 명에 군사 2만 명, 사찰 100여 개에 승려 5천여 명이 머무는 작은 도시 국가였다고 한다. 이들은 일정한 국가 체계를 갖추었으며, 쇠를 녹여 야금하는 기술, 독자적인 문자 등 발달된 문화를 갖고 있었다. 특히 그들이 사용하던 쿠처어는 현재까지도 해독이 불가능하며 고대 그리스어나 라틴어의 한 계열로 추정돼 일부 학자들은 기원전 4세기 알렉산드로스 대왕의 잔여 병력이 쿠처에 나라를 세운 게 아닐까 추측하기도 한다.

이 작은 오아시스 마을은 줄곧 서역과 경제, 문화, 정치적으로 교류하는 데 중심지 역할을 했다. 이곳에서 한나라, 당나라 문화와 서역 문화가 만나 발전했고, 그 결과 현재까지 7개의 천불동과 4개의 고성 유적이 남아 있다. 톈산의 아름다운 자연과 고대 전통 풍속들도 고스란히 전해진다.

이 때문에 현재까지 많은 사람들이 고대 실크로드 도시 중에서도 특히 쿠처에 관심을 갖고 방문한다.

불교 예술을 한눈에
키질 석굴과 벽화

수많은 승려가 머물렀을 키질 석굴. 지금까지 236개의 굴이 확인되고 있는데, 90여 개는 예배와 설법 공간이고, 나머지는 생활 공간이다. 이 중 135개의 굴이 온전히 보존되어 있다.

이 굴에서 쿠마라지바는 서역 언어로 된 불경을 한문으로 번역해 불경의 새 역사를 썼다. 그는 8년간 무려 35부 294권의 경전을 번역한 고승이다. 죽고 나서 화장했을 때 선홍색 혀만은 재가 되지 않은 채 남아 있었다고 전한다.

석굴 하나하나는 마치 고대 구자국인의 삶을 보여 주는 영화관과 같다. 그들이 남긴 벽화 덕분이다. 구자국인은 부처의 세계를 춤과 음악으로 표현했다. 벽화에는 서아시아의 공후, 소공후, 인도 악기, 소고, 중국 배소, 헌디 등이 그려져 있다. 이 악기들은 전부 중원에서 유입됐고, 현지 음악 문화 전통으로 계승된다. 이 과정에서 구자악이 탄생했고, 남북조 시기에 절정에 달해 중원, 한국, 일본 등으로 유입됐다. 특히 대당 서역의 유명한 고승들이 구자악을 높게 평가했다. 불교는 악무를 중시했고, 그것이 예술로 발화해 사람들에게 아름다움을 선사한 것이다.

벽화들은 세월에 의해 그리고 침탈자에 의해 훼손됐지만, 되살리는 작업 또한 스러진 세월만큼 천천히, 아주 섬세하게 진행되고 있었다. 키질 석굴을 대표하는 색은 청색으로, 이곳 불교를 상징하는 색이다. 색이 벗겨진 경우 다른 동굴 벽화와 비교해 적절한 색을 선택하고 파손된 부분은 윤곽을 따라 채색한다. 이 외에도 상상력이 필요한 부분은 고대 미술 연구자의 판단에 따른다.

위 구자국에서 태어난 고승 쿠마라지바의 동상이 키질 석굴 앞에 있다.

구자국의 화려한 불교 유적
키질 석굴

쿠처에서 65km 떨어진 밍우타거산 절벽에서 발견된 석굴.
3~9세기에 걸쳐 300개가 넘는 석굴이 만들어졌으며, 그중 75개의 석굴에서 벽화가 발견됐다.
불교를 주제로 한 이 벽화에는 당시 삶의 모습을 유추할 수 있는 여러 모습이 담겨 있다.

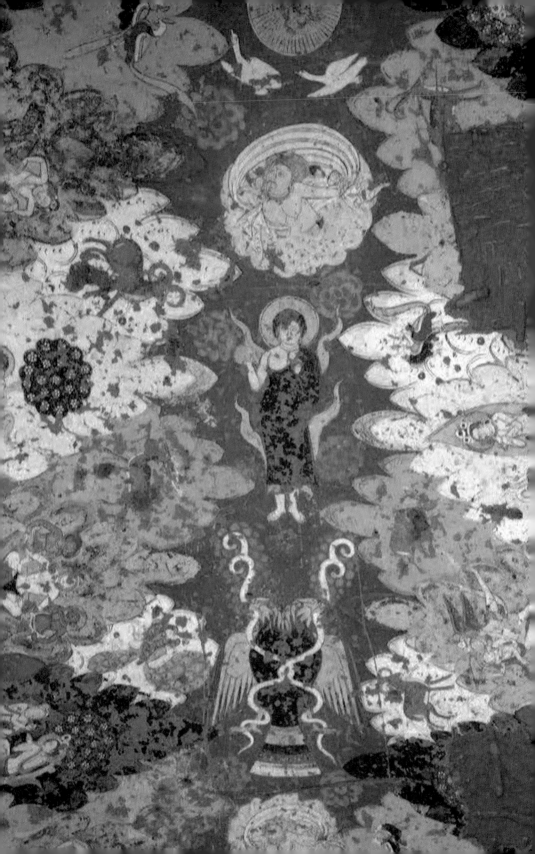

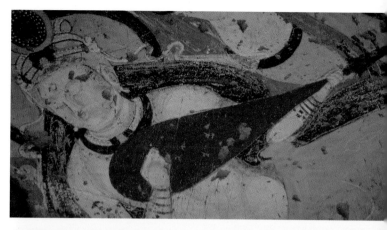

키질 벽화는 법열의 환희를 판타지로 그려 낸 것만 같다. 음악이 절로 연상될 정도로 생동감이 넘친다.
189번 굴에는 당시 쿠처 사람을 묘사한 그림도 남아 있다. 단발머리에 세련되게 넘긴 앞가르마,
격자 문양이 그려진 장포 등은 당시 사마르칸트나 중앙아시아 지역에 유행한 복식이다.

황량한 산에 남은 폐허
수바시 사원

풀 한포기 없는 톈산산맥. '황량한 산'이라는 뜻의 이름을 가진 초르타크산을 배경으로, 구자국의 또 다른 번영의 흔적 '수바시 사원'이 사막 위 모래 언덕처럼 서 있다. 《서유기》 주인공 현장법사가 머물렀으며, 한때 만 명이 넘는 승려가 불법을 닦았던 곳이다.

'수바시'는 지혜의 근원, 물의 근원이라는 뜻이다. 그러나 영원한 건 없는 것일까. 높이 90여 척의 입불상이 빽빽이 들어찼던 이곳은 폐허로 남았다. 당시 화려하고 다양한 예술의 흔적은 이곳에서 출토된 사리함에서 발견된 그림으로만 짐작할 수 있었다. 7세기에 그려진 그림이라고 믿기지 않을 정도로 대단히 세련됐고 유머도 풍부한 사리함은 현재 일본에 있다.

수바시 사원에서 출토된 사리함

수바시 사원 유적

우루무치
—
Urumqi

아름다운 목장
우루무치

신장 위구르 자치구의 행정 중심지이며 몽골어로 '아름다운 목장'이란 뜻의 우루무치는 역사 이래로 유목민이 가축에 의존해 살던 지역이다. 톈산산맥 북쪽 해발 900m 고지에 위치해 목축을 하기에 천혜의 환경이다. 아름다운 목장이라는 이름에 걸맞게 광활한 초원이 장관을 이룬다.

우루무치는 7세기 당나라 시대에 실크로드가 열리면서 중국 역사에 등장했다. 당나라는 우루무치에 북정도호부를 설치하고 실크로드 교역을 관장했다. 당나라가 멸망한 뒤에는 흉노, 돌궐, 몽골 등이 번갈아 가며 이 땅을 지배했다. 1759년 청나라 건륭제가 다시 중국 영토로 편입했지만, 실크로드를 통해 이슬람교가 전파돼 15세기에는 수니파가 사회 주류를 형성했다. 19세기 후반에는 청 왕조가 다시 중앙 통제력을 강화하며 '새로운 영토'라는 뜻의 신장(新疆)으로 이름 짓고, 우루무치를 주도로 삼았다.

그러나 신해 혁명으로 청이 몰락하자 위구르족과 토착민은 1944년 동투르키스탄을 세운다. 이슬람 국가로 독립한 지 채 5년도 지나지 않아 국공내전에서 승리한 홍군이 진주하며 다시 중국에 합병된다.

신장 위구르 자치구의 천지
우루무치 톈츠

우루무치 시내에서 사막을 거쳐 다다르는 천연 호수.
톈산산맥에 둘러싸인 광대한 크기의 호수는 우루무치를 상징하는 풍경과도 같다

신장 위구르 자치구 박물관

종합 예술
무캄

신장 지역은 실크로드의 교차로다. 인도와 중앙아시아, 그리스, 중원 문화 등이 교류하는 길이었고, 그들만의 독특한 문화가 발달했다. 이렇듯 다양한 지역 예술가들이 만나는 지점에서 생겨난 위구르족의 종합 예술이 '무캄'이다.

그중에서도 신장 예술극원 무캄 예술단은 구자국 음악인 '쿠처악'을 전승하는 곳이다. 우리는 키질 석굴 벽화에서 느꼈던 감흥을 떠올리며 예술 단원들을 만났다. 그들이 추는 춤은 인도의 까탁 댄스와 매우 비슷했다. 까탁 댄스를 경험했을 때 손동작이 무척 중요했는데, 이 춤도 손목의 유연함이나 손가락의 움직임으로 그들만의 언어를 전달한다. 그런데 이 춤사위가 우리나라의 전통춤과 흡사하다. 무캄은 마치 뮤지컬처럼 춤뿐 아니라 음악과 희곡 요소까지 갖추고 있다.

신장에는 다양하게 변주된 무캄이 존재하는데, 12무캄이 전형적이고 대표적이다. 주로 당시 유목민의 사랑과 우정, 기쁨 등을 표현한다. 명랑하며, 비관적인 정서가 없는 것이 특징이다. 12무캄은 12개 세트로 구성되며, 한 세트마다 20~30곡으로 이뤄져 있어 전체를 연주하려면 하루가 꼬박 걸린다. 단원 100여 명이 각각 악기를 연주하고, 춤을 추고, 연기를 한다.

공연에는 위구르족만의 낯선 악기들도 있지만 인도와 이란에서 보았던 세타르도 있다. 같은 세타르라도 무캄의 연주에 쓰이니 서정적이고,

마치 시를 낭송하는 느낌마저 들었다. 무캄은 악보 없이 구전되어 왔기 때문에 전승자가 점점 줄어들었고, 지켜 가는 이들의 어려움도 컸다. 중국 정부의 지원을 받으면서 보존이 가능해졌기에 그나마 이 예술가들의 삶이 가능해진 것이다. 우리나라도 실크로드를 통해 전파된 악기, 예술과 문화를 발굴하고 보존하는 데 적극적으로 나선다면 어떨까.

전통 마상 경기
콕파르 타르투

우리가 신장에 도착했을 때는 12월로, 기온이 영하 20도까지 내려가는 대륙에서 가장 추운 시기였다.

신장 위구르 자치구 신화현에 있는 지아이촌. 황량하게 얼어붙은 시골 마을이 왜인지 떠들썩한 축제 분위기다. 모두들 들떠 있는 이유는 '콕파르 타르투'라는 전통 마상 경기가 열리기 때문이었다. 그런데 이 경기, 우즈베키스탄에서 봤던 쿱카리와 매우 비슷하다. 다른 점이 있다면 죽은 양을 경기장에서 50m 정도 떨어진 장소에 두었다가 경기가 시작되면 가장 빠르게 중앙의 지정된 지점에 가져오는 팀이 승리하는 것이다. 관객과 선수 구분도 거의 없고, 마을 잔치처럼 모두가 함께 즐긴다. 더구나 이곳 농민들은 거의 대부분 말을 기르는데, 겨울에는 말을 데리고 할 일이 없어 경기에 임하는 것이다.

이란의 폴로가 엄격한 규칙과 매너가 중시되는 스포츠라면 쿱카리와 콕파르 타르투는 스포츠이기 전에 유목민의 사냥과 같다. 폴로-쿱카리-콕파르 타르투 그리고 신라의 격구. 실크로드의 명백한 증거다.

고대부터 전해진 가면극
나희

정돈된 도시를 지나 시간이 멈춘 듯 옛 모습을 간직한 곳. 이곳에 고대 예술을 전승하는 마을이 있다. 마을의 한 곳, 1810년대에 지어진 오래된 건물에는 공연에 쓰이는 물건들이 곳곳에 걸려 있다.

이곳에서 연행되는 연희의 가장 큰 특징은 가면을 쓴다는 것이다. 이미 개봉한 가면은 영기가 있어 공개하지 않는다. 대신 우리는 아직 공연에 사용되지 않은 가면들을 구경했다. 고대부터 전해진 모습 그대로지만, 훼손된 부분이 있어 1992년에 복원했다고 한다. 평소에는 사당 안에 두고, 정월 무렵 새벽 4시에 꺼내 제사를 지낸다. 가면 생김새는 전형적인 중국인 얼굴과는 완전히 달랐다. 가면은 황제, 관우 등 연희에 출연하는 캐릭터별로 다양하게 구비돼 있었다.

25평 정도 되는 아담한 무대에서 매년 공연을 올린다. 평소에는 모두 철수해 아무것도 없다. 공연이 시작되자 가사는 알아들을 수 없었지만 너무나 익숙한 모습의 연희가 우리 눈앞에 펼쳐졌다. 불그스름한 얼굴로 큰 탈을 쓰고 춤을 추는 게 양주별산대놀이나 봉산탈춤에서 봤던 술에 취한 취바리들과 영락없이 비슷하다. 나희는 중국 고유의 독특한 문화유산인데 우리의 탈춤과 비슷하다니, 또 다른 실크로드의 영향에 깜짝 놀랄 수밖에 없었다. 더구나 나희는 바다 건너 일본의 가면극에까지 영향을 끼쳤다.

나희는 전문가 집단에 의해 전승된 것이 아니라 마을 주민에 의해 자연스럽게 전승됐다. 배우들만 봐도 그렇다. 프로 배우가 아닌 80세가 넘은

노인들도 가면을 쓰고 연기에 임한다. 완성도 높은 공연 예술이 아니라 현장에서 관객들과 어우러져서 같이 웃고 떠들며 술도 나눠 마시는 우리나라의 마당놀이와 같다. 이처럼 실크로드를 통해 전파된 문화는 서민 삶에 고스란히 녹아 있다.

정저우
—
Zhengzhou

과거와 현재의 공존
정저우

허난성에 위치한 정저우는 세계 4대 문명 중 하나인 황허 문명 발상지다. 많은 영화의 배경으로 등장한 소림사도 정저우에 있다. 그야말로 과거와 현재가 공존하는 곳이다.

소림사 인근에는 '고대 탑 예술 박물관'이라 불리는 탑림(塔林)이 있다. 유네스코 세계문화유산으로 등재된 탑림에는 3층 석탑부터 7층 석탑까지 약 248개의 불탑이 그 위용을 자랑한다. 사실 탑림은 역대 소림사 고승들의 사리가 모셔진 무덤이다. 제일 오래된 탑이 당나라 시대라고 하니 건축의 변천사까지 엿볼 수 있는 귀중한 자산이다. 정저우 중심에 있는 중원복탑은 높이 388m의 철탑으로 파리 에펠탑보다 더 높고, 99층 전망대에서는 정저우 시내를 한눈에 볼 수 있다.

역대 소림사 고승의 사리를 모신
불탑이 모여 있는 **탑림**

중국 4대 박물관
허난 박물원

허난성 정저우에 있는 중국 4대 박물관 중 하나인 허난 박물원. 선사 시대와 상 왕조, 주 왕조 등의 고대 유물 약 13만 점을 소장하고 있다. 하지만 이 박물원에서 전시물보다 더 유명한 것은 고대 음악 연주회다.

이 연주회는 '화샤 고악단'이라는 고대 악기와 음악을 복원하는 단체가 오전과 오후에 각각 1회씩 진행한다. 악보조차 전승되지 않는 고대 음악 연주가 어떻게 가능할까? 이들은 중원 지역에서 발굴된 수많은 문화유산을 기반으로 철저한 연구를 통해 고대 예술을 복원한다. 동물 뼈로 만든 피리와 도훈, 편요, 편경을 연주하는 소리는 정말 경이로웠다.

음악에 춤이 빠질 수 없다. 고대 호인 중에는 사업을 하거나 음악을 하는 사람들이 많았다. 거래 후 술을 마실 때 춤을 즐겼고, 이로부터 유래한 것이 호등무다. 실제로 허난성에서 출토된 유물에 무도 형상도 있다. 당시 서역과 중원 지역의 교류가 많아 중원 지역의 춤이 호인 지역 요소와 융합됐다. 대표적인 게 회전과 점프다. 호선무는 회전이 주를 이루는데, 동양적인 춤사위에 서양적인 형식이 더해진 형태다. 예를 들어 서양 춤은 도약하고 상승하며 팔다리를 쭉쭉 뻗는다. 그래서 인도의 까탁이나 무캄에서도 무릎을 곧게 펴는 게 중요했던 것이다. 하지만 동양 춤에서는 구부리는 동작이 중요하다. 더 누르고 내려놓는다. 호인무에는 이 두 가지가 다 있다. 우리는 이 춤을 배워 보기로 했다. 아무래도 도약하고 상승하는 동작이 많은 남성적인 춤이다 보니 금방 숨이 차오르며 힘이 들었다. 지금까지

중국 안양에서 출토된 토용. 595년경 제작된 것으로 추정된다.

실크로드의 여정에서 배웠던 춤들은 여성적이고 부드러웠기 때문이었을까. 그래도 에너지를 뿜어내는 기분이 나쁘지 않았다.

춤을 추는 동안 리듬을 맞춘 30년 경력의 북 연주자 린선은 우리 장구에 큰 관심을 보였다. 알고 보니 한국에 방문했을 때 장구를 본 적이 있다고 한다. 그에게 장구를 건네자 능숙한 손놀림으로 리듬을 탔다. 타악기를 다룬 사람들은 공통적인 감성을 갖고 금방 통하기 마련인가 보다. 이른바 리듬이 언어화되는 것으로 동아시아에서만 나타나는, 실크로드가 만들어낸 공통적인 특징이다.

위에서부터 차례로 비파, 횡적, 공후를 연주하는 토용

일본
—
Japan

수도 도쿄

언어 일본어

면적 3,779만 7,100㏊

인구 1억 2,685만 4,745명

종교 신도, 불교, 기독교 등

화폐 단위 엔

한국과의 시차 없음

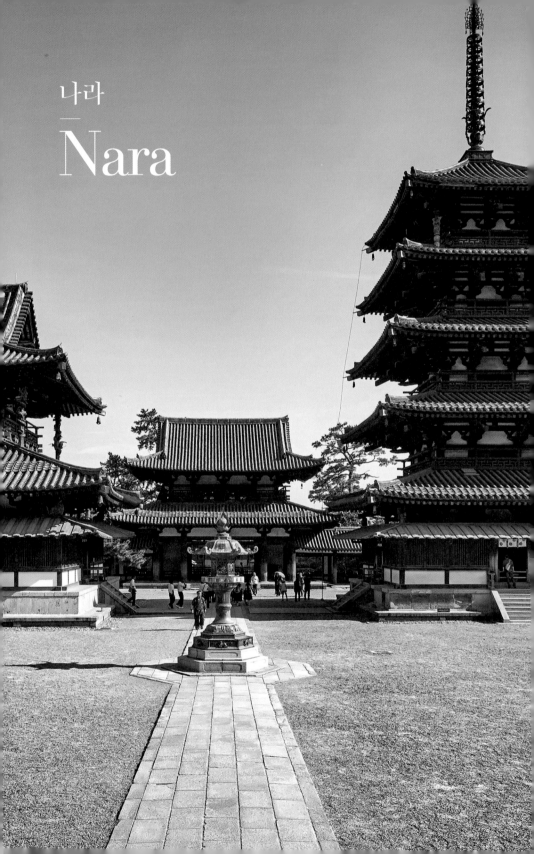

나라

Nara

일본 전통 예술의 뿌리
가면극과 고마악

일본의 고대 연희를 계승하는 이들은 서기 612년 백제인 미마지가 일본에 가면극을 전해 줬다고 믿는다. 이 가면극이 '기카쿠'라는 장르로, 고대 일본 음악의 주류가 되고 '노오(能)', '가부키(歌舞技)' 등 일본 전통 예술의 뿌리가 됐다는 것이다.

우리는 정기 공연을 앞두고 준비가 한창인 텐리 대학교 기악부 학생들을 만났다. 학생들이 착용하고 있는 탈과 의상들이 정교하고 아름답게 제작된 것이라 인상적이었다. 탈은 일본 사찰과 도쿄 박물관 등에 남아 있는 것을 정확한 고증을 거쳐 복원했다고 한다. 의상 또한 황실 보물 창고인 정창원에 남아 있는 것을 근거로 천은 물론, 염색까지도 전통 방식을 그대로 따랐다.

텐리 대학교에서 공연하는 기악은 무언의 가면극이다. 길놀이에서 시작해 길놀이로 끝나며 그 사이에 다양한 이야기가 담겨 있다. 이는 우리나라 황해도 일대에 전해 오는 봉산탈춤과 등장인물, 춤사위, 연희 순서 등이 매우 흡사하다. 특히 사자와 스이코(취호왕), 그 시종인 스이코쥬(취호종)가 등장하는 장면이 인상적이다. 봉산탈춤에서는 파계승인 취바리가 행패를 부리다가 부처님이 내려보낸 사자를 만나 혼쭐이 나는데, 기악에서는 취호왕과 취호종이 연회를 하다가 잠들어 있는 사자를 발로 차 깨우면서 소동이 벌어진다.

고마악 연주도 이어졌다. 일본의 궁중 공연에는 좌방악과 우방악이 있는데, 좌방악은 중국이나 인도 계통이고 우방악은 우리나라 계통이다. 우방악의 다른 명칭이 고마악, 즉 고구려악이다. 중국 당악은 8세기에 들어왔지만 고구려 음악은 그보다 훨씬 이른 550년에 들어왔다. 실크로드를 통해 유입된 음악의 영향이 바다 건너 일본에까지 전해지다니, 오히려 고대 사회가 지금의 우리 현실보다 활발한 교류를 했다는 게 새삼 놀라울 따름이다.

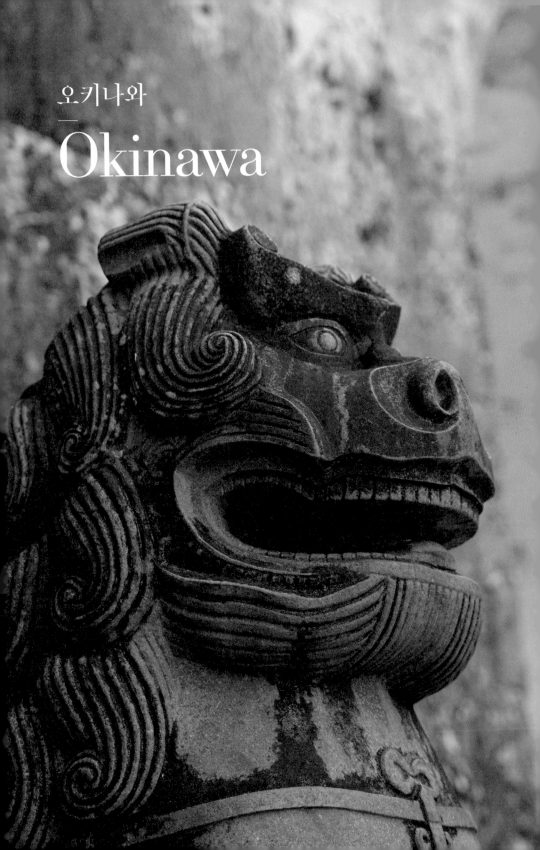

오키나와

Okinawa

화려한 류큐 왕조의 유산
사자춤

오키나와에서는 예로부터 '사자에게는 이 세상의 사악함과 재난을 물리치는 힘이 있다'라는 말이 전해져 왔다. 오키나와 우라소에 짓차쿠에서 음력 8월 15일에 사자춤을 추는데, 이 춤은 일본에서 지정한 무형 문화재이다.

그런데 여기에 등장하는 사자가 우리나라 북청사자와 매우 흡사하다. 이 사자 머리를 '고레구시친'이라는 사람이 조각했다는 기록이 있는데, 여기서 '고레'가 고려를 일컫는 말이라고 추측하기도 한다.

오키나와의 이색적인 풍경 중 하나는 어디에나 있는 사자상이다. 오키나와 사람들은 '시샤'라고 부른다. 지붕이나 문마다 양쪽에 사자상이 있는 모습을 흔히 볼 수 있는데, 입을 벌리고 있는 사자는 수컷, 자고 있는 사자는 암컷이다. 오키나와 사자는 고대부터 마을을 위협하는 악령을 막아 주는 상상의 동물로 여겨졌다. 벌린 입으로 복을 불러들인다는 의미와 다문 입으로 재난을 막는다는 의미가 있다.

오키나와에도 한국의 사자춤과 흡사한 사자춤이 전승되고 있다. 오곡풍양 , 무병식재를 기원하는 공연으로, 여기서 사자의 앞다리와 뒷다리에 각각 1명씩 들어가 1마리당 2명이 한 조가 되어 춤을 춘다. 북청사자와 동일하다. 공연에는 오후시시(大獅子), 카미시시(神獅子)라고 불리는 두 마리 사자가 등장하는데, 전통적인 류큐국(고대 오키나와에 있던 왕국)의 무용과 무술, 오키나와 전통 현악기인 삼선의 반주로 부르는 노래를 선보인다. 남국 풍토에 맞게 정열적이고 대범하며, 익살스러운 동작으로 이국적인 정서를 느낄 수 있는데, 화려한 류큐 왕조의 당시를 엿보는 느낌이다.

사자탈춤은 어떻게 유래했을까. 기본적으로 사자를 수호신으로 한 고대 페르시아에서 비롯했을 가능성이 크다. 사납게 날뛰는 사자를 사람이 길들여서 인간의 수호신으로 삼는다는 발상이다. 따라서 사자탈춤의 기본 이야기 얼개도 사람이 사자를 제압하는 방식으로 구성된다. 그것이 중국, 한국, 일본에서 제각각 독자적인 색채로 진화한 것이다.

현대에 재현한
처용무

이국적인 외모의 처용은 과연 실크로드를 건너
우리나라에 도달한 서역인이었을까?

우스꽝스러운 탈을 쓰고 공연하는
북청사자놀음

중국의 가면극과 일본 오키나와의 사자춤까지,
분명 실크로드를 통해 그 정신과 몸짓이 연결되어 있다.

매혹의 실크로드

초판 1쇄 인쇄 ┃ 2019년 10월 1일
초판 1쇄 발행 ┃ 2019년 10월 11일

지은이 김무관 김정희
사진 백홍종

발행인 이상용 이성훈 ┃ **발행처** 청아출판사
출판등록 1979년 11월 13일 ┃ 제9-84호
주소 경기도 파주시 회동길 363-15
대표전화 031-955-6031 ┃ **팩시밀리** 031-955-6036
이메일 chungabook@naver.com

ISBN 978-89-368-1149-5 03900

* 잘못된 책은 구입한 서점에서 바꾸어 드립니다.
* 본 도서에 대한 문의 사항은 이메일을 통해 주십시오.